REFRANES
Y
DICHOS MEXICANOS

REFRANES
Y
DICHOS MEXICANOS

EDITORIAL ÉPOCA, S.A. de C.V.
Emperadores No. 185
Col. Portales
03300-México, D.F.

Refranes y Dichos Mexicanos
©   Derechos reservados 2002
©   Por Editorial Época, S.A. de C.V.
      Emperadores No. 185
      03300-México, D.F.
      ISBN-970-627-217-6
      E-mail: edesa@data.net.mx

Impreso en México - *Printed in Mexico*

REFRANES Y DICHOS MEXICANOS ACERCA DE MUJERES

¿CÓMO FORMÓ DIOS A LA MUJER?
Juntó la redondez de la Luna,
la elegancia de las palmeras,
las vibraciones de un tallo herbáceo,
la loca alegría del Sol,
el llanto de la nube,
la inconstancia del viento,
la timidez de la liebre,
la vanidad del pavo real,
la crueldad del tigre,
la dulzura de la miel,
la dureza del diamante,
el charloteo de la garza,
y el arrullo de la tórtola.

***

Las piernas de una bella mujer
son como la religión:
Hacen pensar que la felicidad
«se encuentra más arriba».

***

Cuando una mujer no dice:
«Esta boca es mía»,
es porque está pensando:
«Esta boca es tuya».

***

No hay bonita que admire,
ni fea que espante.

***

La mujer es tan desinteresada
que, cuando reza con fervor,
no pide para ella nada,
solamente demanda
un yerno para su mamá.

***

Cuando una mujer te vuelve la espalda,
es para que la admires mejor.

***

Las mujeres son tan raras
que a veces, para seducirlas,
hasta da resultado decirles la verdad.

***

Un beso dado a una mujer,
lo mismo puede conducir a la felicidad que…
al matrimonio.

***

Esperar generosidad de una mujer,
es tanto como aguardar el paso de un expreso
en la cumbre del Popocatépetl.

***

No hay mal que por mujer no venga.

***

Si las tenemos nos hartan,
si se nos van, las extrañamos.

***

Los abrazos de las mujeres
rara vez dejan huellas en el corazón,
pero siempre las dejan en la solapa.

***

Si tu novia es una santa,
llévala al altar… y déjala ahí.

***

Las mujeres ríen cuando pueden
y lloran cuando quieren.

***

Solamente una cuenta
tienen que llevar las mujeres…
y siempre se equivocan.

***

Entre cien hombres he encontrado uno bueno;
entre cien mujeres, ninguna.

***

Chinita de no peinarse.

***

El hombre ha venido al mundo sólo para trabajar
y la mujer sólo para gastar.

***

Decía una mujer:
«Antes de que te coman los gusanos,
mejor que te devoren los humanos».

***

Las mujeres como las espadas,
sólo infunden respeto
cuando están desnudas.

***

Mujeres, ¡raza maldita!
¡las odio de corazón!
Pero... ¡qué bonitas son cuando se las necesita!

***

En cojera de perro
y en lágrimas de mujer,
no hay que creer.

***

Apenas les dicen «mi alma»,
ya quieren su casa aparte.

***

A las mujeres los secretos les entran por los oídos
y les salen por la boca.

***

Mi mujer y mi caballo
se me perdieron a un tiempo.
¿Mi mujer...? Dios la perdone.
¿Mi caballo...? es lo que siento.

***

A las mujeres bonitas y a los caballos buenos
los echan a perder los pendejos.

***

A las mujeres ni todo el amor
ni todo el dinero.

***

Reloj, caballo y mujer,
tener bueno o no tener.

***

Jalan más un par de tetas
que una yunta de bueyes.

***

Cuantas veces, sollozando,
se está riendo una mujer.

***

Gallo, caballo y mujer,
por la raza has de escoger.

***

Peléense las comadres
y díganse las verdades.

Una mujer y una liebre
se pusieron a correr,
y como el premio era un hombre
se lo ganó la mujer.

***

De la que entienda de atole, escoba y metate,
con ella cásate.

***

La cobija y la mujer,
suavecitas han de ser.

***

La mujer compuesta
quita al hombre de la otra puerta.

***

Prietitas, hasta la mulas son buenas.

***

Si la mula dice «no paso»
y la mujer dice «me caso»
la mula no pasa y la mujer se casa.

***

Al caballo, con la rienda;
a la mujer, con la espuela.

***

Los hombres son unos diablos,
dicen todas las mujeres,
pero siempre están deseando
que el demonio se las lleve.

***

Con mujeres y con charcos,
no hay que andarse con rodeos.

ACERCA DEL AMOR

El que ama a mujer ajena
siempre está descolorido;
no por la pasión que siente,
sino por miedo al marido.

***

Hechos son amores,
y no buenas razones.

***

Contigo, pan y cebolla.

***

¿Y por una mula lloras?
Ni yo, que he perdido atajos.

***

Cuando el amor es parejo,
están de más los elotes.
(*Los celotes*)

***

Acostándome con *Luz*...
aunque me apaguen la vela.

***

Me gusta mucho lo negro,
aunque me asuste el difunto.

***

La que de amarillo se viste,
en su hermosura confía.

***

Dar atole con el dedo.

***

Chula a quien todos chulean,
no es raro que se lo crea.

***

El amor es como los columpios:
empieza siendo diversión
y acaba dando náuseas.

***

Debajo del agua mansa,
está la mejor corriente.

***

El amor para que dure,
debe ser disimulado.

***

Chiquita del manto negro;
que bien le queda a usted el luto.
Vámonos queriendo bien
y olvidemos al difunto.

***
Con amor y aguardiente,
nada se siente.

***
El amor es como el frío:
al más perdido le carga.

***
Mucho jamón para tan poquitos huevos.
(*Para una mujer que va acompañada*)

***
De esas pulgas no brincan en tu petate.

***
Bien haya lo bien parido,
que ni trabajo da criarlo.

***
El buey viejo no pisa, mata;
y si la pisa, no la maltrata.

***
Cuerpo de tentación,
cara de arrepentimiento.

***
Tanto cuero y yo sin zapatos.

***
A partir un piñón.

***
Amores de lejos,
son de pendejos.

***

Compadre que a la comadre
no le agarra las caderas,
no es compadre de *deveras*.

***

Si como lo menea lo bate,
¡qué sabroso chocolate!

***

Con groserías no lograrás
lo que con cariño alcanzarás.

***

¡Ay mamá!, que pan tan duro;
y yo que ni muelas tengo.

***

¿Con qué la tapas si llueve?
(*Para un viejo rabo verde*)

***

Ama a la mujer de tu prójimo
como a la tuya propia...
y no caerás en el pecado de adulterio.

***

Solitas bajan al agua, sin que nadie las arree.

***

Amor con celos, causa desvelos.

***

Besos vendidos, ni dados ni recibidos.

***

De los retozos salen los mocosos.

***

Tiernitas, aunque amarguen.

***

Para amores que se alejen,
busca amores que se acerquen.

***

Cuando están maduras caen,
aunque no se les haga la lucha.

***

De la vista nace el amor.

***

Ni sopa recalentada
ni amor por segunda vez,
porque ni la sopa es sopa
ni el amor tampoco lo es.

***

¡Ay amor cómo me has *ponido*!
seco, ñango y descolorido.

***

Entre dos que bien se quieren,
con uno que coma basta.

***

Cuando el bien es más querido,
más pronto se ve perdido.

***

Adelantar vísperas.

***

Al que le duele, le duele.

***

Donde hubo fuego, cenizas quedan.

***

Cada quien con su cada cual.

***

Con esa carne ni frijoles pido.

***

Casaditos que no se besan,
no se tienen voluntad.

***

Casamiento de pobres,
fábrica de limosneros.

***

A ese culantro tan seco le falta su regadita.

***

Para gato viejo, ratón tierno.

***

Aquí vives y no pagas renta.

***

Comer en el mismo plato.

***

Ni caballo emballestado
ni mujer que otro haya dejado.

***

Mejores mariposas ha cogido mi sombrero.

***

Cada oveja con su pareja.

***

Ojos que no ven, corazón que no siente.

***

La mujer es honrada...
hasta las dos de la tarde.

***

Amor viejo,
ni te olvido ni te dejo.

***

Celoso de las piernas
y desentendido de las medias.

***

Te casaste, te fregaste.

***

Chaparrita cuerpo de uva.

***

Conocí primero madre que mujer.

***

Deje usted que el niño nazca;
el dirá quién es su padre.

***

Nunca digas que eres padre,
si no lo afirma la madre.

***

Amarren a sus gallinas
porque mi gallo anda suelto.

***

Duro y contra ellas.

***

El amor de los pobres es como el espinazo
de puerco, pelado pero muy sabroso.

***

El pan y el cariño no han de ser recalentados.

***

Ora me cumples o me dejas como estaba.

***
El que picones da,
picado está.

***
Más valía llorarlas muertas
y no en ajeno poder.

***
Ni amor reanudado
ni chocolate recalentado.

***
El amor hace que el tiempo vuele
y el tiempo hace que el amor vuele.

***
Tengo malos ratos, pero no malos gustos.

***
Traer por la calle de la amargura.

***
Desgraciado el gallinero
donde la gallina canta
y el gallo cacaraquea.

***
Casado pero no castrado.

***
Habrá quien te quiera, pero quien te ruegue no.

ACERCA DE AMIGOS

En dinero y amistad,
la mitad de la mitad.

***

Acabándose el dinero, se terminó la amistad.

***

El pedir es fuerza, el dar es voluntad.

***

Si quieres tener enemigos, haz favores.

***

Amigo en la adversidad,
es amigo de verdad.

***

Amigo que no da y cuchillo que no corta,
que se pierdan, poco importa.

***

Los dineros se pagan, los favores no.

***

Al amigo, todo;
al que no es amigo ni enemigo,
lo que buenamente se pueda;
al enemigo, la ley.

***

Desconfía de tu mejor amigo
y de tu peor enemigo.

***

No hay más amigo que Dios
y un peso en el bolsillo.

***

En la cárcel y en la cama,
se conocen los amigos.

***

Amigo reconciliado, enemigo agazapado.

***

Los amigos se conservan
cuando no se les molesta ni se les ofende.

***

Halla un amigo y encontrarás un tesoro.
Halla un tesoro y encontrarás muchos *amigos*.

***

Hay que estar en las verdes
y en las maduras.

ACERCA DE NEGOCIOS Y DINERO

Nunca le eches dinero bueno al malo.

***

Cuando está abierto el cajón,
el más honrado es ladrón.

***

Hablando de puercos, todo es dinero.
Hablando de dinero, todos son puercos.

***

¿Debo...? No niego.
¿Pago...?No tengo.

***

Si doy, pierdo la ganancia de hoy;
si fío, pierdo lo de otro y lo mío;
si presto, al pagar me hacen mal gesto.
Para evitarme todo esto:
No doy ni fío ni presto.

***

Con dinero baila el perro.

***

Cuesta más guardarlo que ganarlo.

***

De lo perdido, lo que aparezca.

***

Tanto tienes, tanto vales.

***

El prometer no empobrece,
el dar es lo que aniquila.

***

Al pobre nadie se le arrima.

***

Algo se saca de lo que se mete.

***

Donde manda el caporal
no gobiernan los vaqueros.

***

Al nopal lo van a ver
sólo cuando tiene tunas.

***

Tardoncito pero buena paga.

***

El pulquero que lo entiende,
más agua que pulque vende.

***

Chivo brincado,
chivo pagado.

***

Al que parte y bien reparte,
le toca la mejor parte.

***

Más vale "un toma"
que dos "te daré".

***

Al que comercia en canastas
nunca le faltan tompiates.

***

Al ojo del amo engorda el caballo.

***

Ladrón que roba a ladrón
tiene cien años de perdón.

***

Donde se saca y no se mete,
fondo se halla.

***

La codicia rompe el saco.

***

Para pedir, barbón;
para pagar, lampiño.

***

En mucho menos de un año
ha hecho fortuna un huevero,
y, según dice la gente,
lo ha hecho sólo con huevos.

***

Dando y dando,
pajarito volando.

***

El que tiene peones y no los ve,
queda en cueros y no lo cree.

***

Ir por lana y salir trasquilado.

***

A quien madruga,
Dios le ayuda.

***

El que tiene tienda que la atienda
y si no que la venda.

***

No hay plazo que no se venza
ni deuda que no se pague.

***

Como los toros del jaral,
se van con todo y reata.

***

Más vale un mal arreglo
que un buen pleito.

***

La fruta bien vendida
o podrida en el huacal.

***

Lo que la boca dice, la bolsa lo sostiene.

***

El que no tranza, no avanza.

***

Cobrarse a lo chino.

***

Al maguey que no da pulque,
no hay que llevarle acocote.

***

Lo que no deja, dejarlo.

***

Cuesta más el caldo que las albóndigas.

***

Quien juega limpio, limpio se va a su casa.

***

Como a las tamaleras, mal y vendiendo.

***

Lo que se a de empeñar, que se venda.

***

Lo barato, cuesta caro.

***

Si no compra no mayugue.

***

Paga lo que debes, sabrás lo que tienes.

***

Le gustan los pesos a cuatro reales.

***

Con dinero no se olvidan los encargos.

***

El que no enseña no vende.

***

Las cuentas claras y el chocolate espeso.

***

Quítele el *usté* y tratamos.

***

Buenos negocios de: Un jardinero... florecientes.
Un marinero... viento en popa.
Un dentista... a pedir de boca.
Un ferroviario... sobre rieles.

ACERCA DE TONTOS

Un tonto callado es oro molido.

***

El *penitente* ni siquiera goza de Dios.

***

No hay carta de tarugo sin posdata.

***

Al que nace para buey,
de arriba le caen los cuernos.

***

El que es perico, donde quiera es verde
y el que es tarugo, donde quiera pierde.

***

Zapatos que no hacen ruido,
de pendejo, bruja o bandido.

***

Como la yunta del tío Silao,
tan buey el pinto como el *colorao*.

***

Desde lejos lo parece;
de cerca ni duda cabe.

***

Por un borrego no se juzga la manada.

***

Más simple que la tabla del uno.

***

Según San Andrés,
el que tiene cara de bruto, lo es.

***

A la prudencia le llaman pendejez.

***

El que nace para maceta
no pasa del corredor.

***

Con tarugos ni a bañarse,
porque hasta el jabón se pierde.

***

Elevar globos, tirar cohetes
y comprar billetes, es de zoquetes.

***

Como quiera sale un buey,
pariendo la vaca un macho.

***

Al mal músico,
hasta las uñas le estorban.

***

El que por su gusto es buey,
hasta la coyunta lame.

***

Al saber le llaman suerte
y a lo tarugo "de malas".

***

El que ha de morir a oscuras,
aunque viva en velería.

***

De que los hay, los hay,
el trabajo es dar con ellos.

***

Cuando la partera es mala
le echa la culpa a la luna.

***

Mal de muchos, consuelo de pendejos.

***

Engañarse como el tío Lolo,
que se hace pendejo solo.

***

La memoria es la inteligencia de los pendejos.

***

Mucho ayuda el que no estorba.

***

El que vive engañado vive contento.

***

Hacer caso a pendejos es engrandecerlos.

***

Se le hizo bolas el barniz.

***

Pa' pendejo no se estudia.

***

Corbata chillona, cabello ondulado
y anillo en el puro, tarugo seguro.

***

Camarón que se duerme, se lo lleva la corriente.

***

Saliste con tu batea de babas.

Acerca de presumidos

A subida más alta,
caída más dolorosa.

***

El hambre los tumba;
la vanidad los levanta.

***

A todo le llaman cena,
aunque sea un taco con sal.

***

Ya porque nació en pesebre,
presume de niño Dios.

***

Alabanza en boca propia, es vituperio.

***

Echárselos por arriba del fundillo.

***

Olvidaste el nombre pero no el meneadillo.

***

Comen frijoles y eructan pollo.

***

Mucho hablar y poco saber;
mucho gastar y poco tener;
mucho presumir y poco valer;
echan muy pronto al hombre a perder.

***

¡Ay cocol!¿Ya no te acuerdas
cuando eras chimisclán?

***

En el baratillo nos veremos,
sarape de Saltillo.

***

La beben de a cinco y la platican de a diez.

***

Quien mucho habla, mucho yerra.

***

Son como la espada de Santa Catarina,
relumbra pero no corta.

***

Más largo que un día a caballo.

***

El que ha nacido en petate,
siempre anda oliendo a tule.

ACERCA DE RELIGIÓN Y POLÍTICA

Donde todo falta, Dios existe.

***

A Dios rogando
y con el mazo dando.

***

Más que un falso rezandero,
vale un pecador sincero.

***

Con los curas y los gatos,
pocos tratos.

***

El que de santo resbala,
hasta demonio no para.

***

Cuando Dios dice a fregar,
del cielo caen escobetas.

***

Tu oración de cada día,
que no sea hipocresía.

***

Cuídate de los buenos.
A los malos, Dios te los señala.

***

Dios habla por el que calla.

***

De beatas y santurrones,
tiene el infierno montones.

***

Dios castiga sin palo y sin cuarta.

***

¿Se alivió?, fue San Alejo.
¿Se murió?, doctor pendejo.

***

Dios no cumple antojos
ni endereza jorobados.

***

Al cabo, para el santo que es,
con un repique es bastante.

***

Dios no da alas a los animales ponzoñosos.

***

Antes del golpe de pecho,
no repetir el mal hecho.

***

El hábito no hace al monje.

***

Dios da el frío según la cobija.

***

Dios me dio lo mío
para no envidiar lo ajeno.

***

Si en la política quieres subir,
desde un principio debes mentir.

***

Sé hipócrita, pórtate mal,
lanza tu candidatura
y una victoria segura
tendrás en forma tal.

***

¿Todos los de arriba...? Revolucionarios.
¿Todos los de abajo...? Viles reaccionarios.

***

Los políticos interpretan los deseos del pueblo:
el pueblo son ellos.

***

Un buen político es aquel que no dice lo que piensa,
sino que dice lo que piensan quienes lo escuchan.

***

Un padre tuvo siete hijos.
El primero era holgazán y mentiroso,
el segundo también fue líder.
El tercero era matón y aprovechado,
el cuarto también fue diputado.
El quinto fue borracho y mujeriego,
el sexto también fue general.
El último se quedó soltero...
como su padre.

***

Dios tarda... pero no olvida.
El político tarda... pero no cumple.

***

La voz del pueblo es la voz de Dios.

ACERCA DE APROVECHADOS

Baile y cochino
en casa del vecino.

***

En cuanto ven burro,
se les ofrece viaje.

***

Del árbol caído todos hacen leña.

***

A darle que es mole de olla.

***

En vez de que te ensillen,
¡ensilla tú!

***

¡Atáscate bandoneón, *ora* que hay tocada!

***

Hágase la voluntad de Dios
en los bueyes de mi compadre.

***

Ajonjolí de todos los moles.

***

Se despachó con la cuchara grande.

***

¡Atáscate, *ora* que hay lodo!

***

No quiero que me den,
sino que me pongan donde haya.

***

Pa´ las cuesta arriba quiero mi burro,
que las cuestas abajo yo me las bajo.

***

Apóstol trece,
come y desaparece.

***

A la ocasión la pintan calva.

***

El que tenga más saliva,
que trague más pinole.

***

Es bueno el encaje, pero no tan ancho.

***

No jalen que descobijan.

***

El que da primero da dos veces.

***

Nadie sabe para quien trabaja.

***

El que a buen árbol se arrima,
buena sombra le cobija.

***

La ley de Caifás:
Al fregado fregarlo más.

***

La mitad viva, vive de la mitad pendeja.

***

Más vale llegar a tiempo que ser convidado.

***

Si me viste, fue chiste;
y si no me viste, te frunciste.

***

Unos vienen a la pena y otros a la pepena.

***

Hay que estirar los pies
hasta donde la cobija alcance.

***

A río revuelto, ganancia de pescadores.

ACERCA DE EDUCACIÓN

En los apuros y afanes
pide siempre consejo a los refranes.

***

Todo el que a su hijo consiente
va engordando una serpiente.

***

Cría cuervos y te sacarán los ojos.

***

Al que no quiera caldo, dos tazas.

***

Para criar, los padres
y para malcriar, los abuelos.

***

Echando a perder se aprende.

***

Delante de los muchachos,
persignarse bien.

***

Los porrazos hacen al jinete.

***

No le amarraron las manos de chiquito.

***

No sale de perico perro.

***

Ya el niño se divierte solo, que se vaya la pilmama.

***

Echar la aburridora.

***

Te tengo en remojo.

***

El oficio de aguador al primer viaje se aprende.

***

Barájamela más despacio.

***

El que la perdona la lleva.

***

Amarrarse los pantalones.

***

En ciertas ocasiones,
las zurras valen más que las razones.

Acerca de salud y vejez

Almuerza bien, come más,
cena poco y vivirás.

***

De limpios y tragones
están llenos los panteones.

***

El extreñido muere de deposiciones.

***

Enfermo que come y mea,
el diablo que se lo crea.

***

Al enfermo, lo que pida.

***

La vida es corta, hay que vivirla.

***

Si con atolito el enfermo va sanando;
atolito vámosle dando.

***

Nunca te apures,
para que dures.

***

Cuando el mal está en el hígado,
hasta morir no hay remedio.

***

De la suerte y de la muerte,
no escapan ni el débil ni el fuerte.

***

Acuéstate a las seis,
levántate a las seis
y vivirás diez veces por diez.

***

Cuida de la recaída,
que es peor que la enfermedad.

***

Comezón, sanazón.

***

Al jacal viejo no le faltan goteras.

***

Los viejos mueren por caída
o por comida.

***

Enero y febrero, desviejadero.

***

De los cuarenta para arriba,
no te mojes la barriga.

***

Como dijo la viejita:
a la antigüita.

***

El que va para viejo,
va para pendejo.

***

A ver cuánto dura un viejo bien cuidado.

***

No te cases con viejo por moneda,
pues el dinero se acaba y el viejo queda.

***

Gallina vieja hace buen caldo.

***

Viejo pero no espueleado.

***

La cáscara guarda al palo.

ACERCA DEL DESTINO

A cada capillita
le llega su fiestecita.

***

Cuando no llueve, llovizna.

***

Cuando tocan a correr,
no hay más que apretar los talones.

***

Nomás falta que me orine un perro.

***

El que nace para barrigón, aunque lo fajen.

***

Cuando la de malas llega,
la de buenas no dilata.

***

Suerte te dé Dios,
que el saber poco te importe.

***
Donde menos se piensa, salta la liebre.

***
Donde una puerta se cierra, otra se abre.

***
No hay mal que por bien no venga.

***
Arrieros somos y en el camino andamos.

***
Se salvó del rayo
pero no de la raya.

***
Palo dado ni Dios lo quita.

***
No siento lo recio sino lo tupido.

***
Con el tiempo y un ganchito,
hasta las verdes se alcanzan.

***
La suerte no es como la preñez,
que dura nueve meses.

***
Nunca falta un roto para un descosido;
ni una media sucia para un pie podrido.

***

Líbreme Dios de un rayo;
de un burro en el mes de mayo
y de un pendejo a caballo.

***

¡Qué suerte tienen los que no van a misa!

***

Sólo los guajolotes mueren la víspera.

***

Goza de tu abril y mayo,
que tu agosto llegará.

***

La lucha se hace, la suerte es la mala.

***

Salir de Guatemala para entrar en *guatepeor*.

***

Mal y de malas.

ACERCA DE VALENTONES

Como la pinten la brinco
y al son que me toquen bailo.

***

Soy como la carne flaca;
en cualquier gancho me atoro.

***

A ver si como roncan duermen.

***

¡Ay!, muerte no te presentes,
que estoy temblando de miedo.

***

Échate ese trompo a la uña.

***

Popinas dijo Popochas.

***

Yo soy quien soy
y no me parezco a nadie.

***

Ora es cuando, chile verde,
le has de dar sabor al caldo.

***

A la hora de freir los frijoles,
manteca es lo que hace falta.

***

Yo no pido de amor caldo
ni de caridad frijoles.

***

Al que no le guste el fuste
y el caballo no le cuadre,
que tire el caballo y el fuste
y que vaya a tiznar a su madre.

***

A mí las calaveras me pelan los dientes.

***

A ver de qué cuero salen más correas.

***

El que manda, manda;
y si se equivoca, vuelve a mandar.

***

También en San Juan hace aire.

***

Soy pendejo pero voy a mísa.

***

No obstante que me vean pollo,
tengo más plumas que un gallo.

***

¡Ay Chihuahua, cuánto apache,
de calzón y de huarache!

***

¿A poco vas a enseñar a tu padre
cómo hacer hijos?

***

Al que se junta conmigo
ni en su casa lo regañan.

***

Para mí la pulpa es pecho
y el espinazo cadera.

***

A mí no me tizna el cura
ni el miércoles de ceniza.

***

Al cabo la muerte es flaca
y no ha de poder conmigo.

***

Yo puro Sóstenes Rocha.

***

Chiquito pero picoso.

***

Yo no vengo a ver si puedo,
sino porque puedo vengo.

***

A mi no me espanta el muerto,
ni aunque salga a medianoche.

***

¡Sáquense todos de aquí!
pues ha llegado su padre.

***

A mí no me llames tío,
porque ni parientes somos.

***

¡Aquí...!
¡sólo mis chicharrones truenan!

***

El que es buen gallo
en cualquier gallinero canta.

***

Como el dueño de mi atole,
lo menearé con un palo.

***

Se encontró la horma de su zapato.

***

Chato pero las huelo.

***

Donde quiera plancho y lavo
y en cualquier mecate tiendo.

***

Al que no le guste el fuste
que lo tire y monte en pelo.

***

Te callas pulque o te pego un trago.

***

Se asustan con el petate del muerto.

***

De pendejo me muero este año.

***

No te arrugues cuero viejo,
que te quiero *pa´* tambor.

***

No necesito guajes para nadar.

***

No pago porque me quieran
ni ruego con mi amistad.

***

Juego que admite desquite, ni quien se pique.

***

Ojo por ojo, diente por diente.

Acerca de borrachos

Si el cuerpo te pide agua,
no seas esclavo de sus veleidades y dale vino.
Si te pide vino... dáselo,
que no siempre andarás peleando con tu cuerpo.

***

Para todo mal, mezcal;
para todo bien, también.

***

A muchas penas, las copas llenas;
a penas pocas, llenas las copas.

***

El agua sólo cría ranas;
el alcohol te da más ganas.

***

Chupando, que es gerundio.

***

No tiene la culpa el pulque
sino el que lo bebe.

***

Si el agua destruye puentes
y acaba con los caminos.
¡Qué no hará con los intestinos!

***

Con el vino no hay salud.
¡Salud...! y que sirvan las otras.

***

El agua es para los bueyes
que tienen el cuello duro.

***

Si el alcohol te impide atender
debidamente tus negocios...
¡abandona tus negocios!

***

A las once una y once a la una.

***

Para el catarro, el jarro.
Y si no se quita, la botellita.

***

Si tomo agua... me oxido.

***

No bebe... en cedazo.

***

Borracho pero compracho.

***

Si tomas, no manejes.
Si manejas, no tomes.
Y si tomas y manejas, da mordida.

***

En el pobre es borrachera,
en el rico es alegría.

***

En el modo de beber
se conoce al que es templado.

***

Si eres valiente, aguardiente;
si eres miedoso, espumoso.

***

El agua para el buey,
el vino para el rey.

***

Dosis de recién llegado.

***

Que sirvan las otras copitas de mezcal,
que al fin nada ganamos con ponernos a llorar.

***

La miel en penca.

***

Ya se le cansó el caballo.

***

Abandona las copas;
en los vasos cabe más.

***

¿Beber?, ¡sólo hasta caerse!
Lo demás es vicio.

***

Primero con agua,
después sin agua
y al final como agua.

***

Nunca bebas lo que debes;
mejor debe lo que bebas.

***

Vino, ¿qué haces tan solito afuera?
Mejor vamos *pa´* dentro.

***

Trabaja de "Sol" a "Sol"...
o de Tequila a Dos Equis.

***

El agua gaseosa sabe a pie dormido.

***

La del estribo.

***

Trasnochado como un farol de esquina.

***

Si el vino te vuelve loco,
tómalo poquito a poco.

***

Arriba, a un lado, al centro
y *pa´* dentro.

***

Si tomas, no llegas a viejo;
pero si no tomas, eres pendejo.

***

Desde este instante no le hago
más al trago, lo prometo.
Este es un triunfo completo,
que bien merece otro trago.

***

Mala es el agua, cuando la bendicen.
Bueno es el *chínguere*, cuando lo maldicen.

***

Una no es ninguna;
dos, es media; tres, es una.
Y como una no es ninguna...
volveremos a empezar.

***

A medios chiles.

***

A palabras de borracho, oídos de cantinero.

***

Pa´ beber y *pa´* mamar,
el problema es empezar.

***

Tras la sopa, una copa;
después del arroz, dos;
cuando la carne ves, tres;
y si otro plato se mete;
cuatro, cinco, seis o siete.

DE CHILE, DE DULCE Y DE MANTECA

Al hablar, como al guisar,
su granito de sal.

***

¿Para qué cuentas tus penas
a quien no te las remedia?

***

Más vale pájaro en mano
que ver un ciento volar.

***

Ya trepado en el caballo,
hay que aguantar los reparos.

***

No hay mal colchón para un buen sueño,
ni gordas duras para el hambre.

***

Más vale un gramo de previsión,
que una montaña de remedios.

***

Donde fueres, haz lo que vieres.

***

Lo que a de ser, que truene.

***

El que entre lobos anda,
a aullar se enseña.

***

Al español, puerta franca.
Al gachupín, ponle tranca.

***

La burra no era arisca,
los palos la hicieron.

***

El que anda en la Inquisición,
suele terminar chamuscado.

***

La bebes o la derramas.

***

Caballo chiquito siempre es potrito.

***

Despacio, que tengo prisa.

***

A buen santo te encomiendas.

***
Una costumbre repetida,
se convierte en hábito.

***
A muele y muele, ni metate queda.

***
Arroz que no se menea, se quema.

***
Por más que chille el cochino,
no aflojes el mecate.

***
Cuando el gato no está en casa,
los ratones se pasean.

***
De bajada, hasta las calabazas ruedan.

***
No se puede chiflar y comer pinole.

***
Un cohetero no huele a su compañero.

***
Cría fama y échate a dormir.

***
Dime con quién andas
y te diré quién eres.

***

Cómete lo que te den,
mejor que morirte de hambre.

***

Año nuevo, vida nueva;
costumbres... las mismas.

***

Tanto tiempo de atolera,
¿y no saberlo menear?

***

¿A dónde vas que más valgas?

***

Cuando el río suena,
es porque agua lleva.

***

Pa´ buen sueño, no hay mal petate.

***

No hay mejor tortilla que el hambre.

***

Una de cal por las que van de arena.

***

Te conozco hasta en mole.

***

Todo cabe en un jarrito sabiéndolo acomodar.

***

Cuando hay *pa´* carne... es vigilia.

***

A chillidos de marrano,
oídos de chicharronero.

***

Con la buena intención... no basta.

***

A caballo dado, no se le ve el colmillo.

***

Cualquier hilacho es jorongo,
abriéndole bocamanga.

***

Cuando la burra es mañosa,
aunque la carguen de santos.

***

¡No le aunque que estén gastadas,
con tal que resuenen bien!

***

Zapatero, a tus zapatos.

***

Pleito con todos, menos con la cocinera.

***

Para uno que madruga hay otro que se desvela.

***

A grandes males, grandes remedios.

***

De repente,
ni el diablo lo siente.

***

De rincón a rincón,
todo es colchón.

***

Desde que se inventaron las excusas,
se acabaron los culpables.

***

Encarrerado el ratón,
no importa el gato.

***

Una costumbre vence a otra costumbre.

***

Cada quien mata las pulgas a su manera.

***

A gran caballo, grandes espuelas.

***

Para aguado en mi casa tengo.

***

O todos hijos o todos entenados.

***

De un jalón, hasta el panteón.

***

De ver dan ganas.

***

Descansar haciendo adobes.

***

Despacio y con buena letra.

***

Preguntando se llega a Roma.

***

Cuánto rechinar de puertas,
parece carpintería.

***

Tapar el hoyo después del niño ahogado.

***

De todo, como en botica.

***

De noche todos los gatos son pardos.

***

No veo pero tiento.

***

No tengo miedo al porrazo sino a la revolcada.

***

A la mejor cocinera se le queman los frijoles.

***

Todo por servir se acaba.

***

Amarrarse el dedo antes de cortarse.

***

A la tercera es la vencida.

***

Abunda como la mala hierba.

***

Acabó como el rosario de Amozoc.

***

Cae más pronto un mentiroso
que un cojo.

***

Donde hay miedo ni coraje da.

***

El miedo no anda en burro.

***

Para cada perro cría Dios un palo.

***

No es verso pero es verdad.

***

En boca de mentiroso
lo cierto se hace dudoso.

***

El miedo es como una argolla,
no se le ve la punta.

***

Cuesta más una "gorra",
que un sombrero galoneado.

***

Buscar trabajo rogando a Dios no encontarlo.

***

Nació en domingo y cansado.

***

Caballo chiquito siempre es potrito.

***

Ni tanto que queme al santo
ni tanto que no le alumbre.

***

A fuerza ni los zapatos entran.

***

No se muere mi tata ni cenamos.

***

Muerto el perro se acabó la rabia.

***

Aunque todos somos del mismo barro,
no es lo mismo bacín que jarro.

***

Caballo, mujer y escopeta,
a nadie se le prestan.

***

¡Ay reata, no te revientes
que es el último jalón!

***

Caballo que llene las piernas;
mujer que llene los brazos
y gallo que llene las manos.

***

De los parientes, los jefes y el sol;
mientras más lejos, mejor.

***

Cuando veas las barbas de tu vecino cortar,
pon las tuyas a remojar.

***

Si digo que la burra es parda,
es porque tengo los pelos en la mano.

***

Más vale atole con risas
que chocolate con lágrimas.

***

Si la verguenza se pierde,
nunca se vuelve a encontrar.

***

Amarrarse el dedo antes de cortarse.

***

Cuando tú vas, yo ya vengo.

***

Cada quien tiene su modo de matar pulgas.

***

Antes de entrar a las espinas
ponte los huaraches.

***

Apenas están saliendo del cascarón
y ya quieren poner huevos.

***

Arrancada de caballo brioso
y llegada de burro manso.

***

Comprar el fuete antes que el caballo.

***

No buscarle mangas al chaleco.

***

La casada le pide a la viuda.

***

Cualquiera toca el cilindro
pero no todos lo cargan.

***

Hombre prevenido vale por dos.

***

Más vale maña que fuerza.

***

Perro que ladra, no muerde.

***

Al mal paso darle prisa.

***

De tal palo, tal astilla.

***

El que mucho abarca, poco aprieta.

***

Al mal tiempo, buena cara.

***

Con la vara que mides serás medido.

***

No me quita el sueño.

***

La reata se revienta por lo más delgado.

***

Cuando seas yunque, resiste;
cuando seas mazo, golpea.

***

El que con niños se acuesta,
mojado se levanta.

***

En la casa de herrero, azadón de palo.

***

En la tierra de los ciegos, el tuerto es rey.

***

El muerto y el arrimado a los tres días apestan.

***

Antes como antes; ahora como ahora.

***

El que nunca ha tenido y tiene,
quehacer le viene.

***

El que porfía mata venado
o lo matan por porfiado.

***

Habladora pero sostenedora.

***

Hasta lo que no come le hace daño.

***

El sol sale para todos.

***

En comer y en rascar,
todo es empezar.

***

En el modo de partir el pan,
se conoce al que es tragón.

***

En la casa del artesano,
el hambre pasa pero no entra.

***

En lunes, ni las gallinas ponen.

***

Ese arroz ya se coció.

***

Fregado como reata de noria.

***

Saliendo de México todo es Cuautitlán.

***

Si la envidia fuera tiña
¡qué de tiñosos habría!

***

Hacer caravana con sombrero ajeno.

***

Si quieres que alguien se ría,
cuenta tus penas, María.

***

Más vale una vez colorado
que cien descolorido.

***

No fijándose ni se nota.

***

Para que la cuña apriete
debe ser del mismo palo.

***

Sólo el que carga el costal
sabe lo que lleva adentro.

***

Pá los toros del jaral
los caballos de allá *mesmo*.

***

No tiene la culpa el indio
sino el que lo hace compadre.

***

Juntos pero no revueltos.

***

La ropa sucia se lava en casa.

* * *

Quien de su casa se aleja,
no la encuentra como la deja.

* * *

No le hace que nazcan chatos,
con tal que resuellen bien.

* * *

¿Qué tanto es tantito?

* * *

Como el burro de aguador,
con mucha agua y muerto de sed.

* * *

Más seguro, más *marrao*.

* * *

El que espera desespera.

* * *

A los músicos, todo se les va en templar
y en ir a mear.

* * *

Mientras menos burros, más olotes.

* * *

Te gusta el trote de macho,
aunque te zangolotee.

PARECIDOS QUE PUEDEN PARECER MAL

¿En qué se parece un padre
a la tapadera de un inodoro?
En que cubre las necesidades de la familia.

***

¿En qué se parece la segunda parte del Quijote
a un idilio amoroso?
En que la introducción es deliciosa.

***

¿En qué se parece la mujer bonita
al asiento de un inodoro?
En que todo el mundo le echa el ojo encima.

***

¿En qué se parecen los niños
a los pases de muleta?
En que los hay naturales, de pecho y ayudados.

***

¿En qué se parecen los dioses al W. C.?
En que sólo ellos saben quiénes obran bien o mal.

***

**¿En qué se parece un billete de cien pesos
a un policía?**
*En que cuando hacen falta no se encuentran por
ninguna parte.*

***

**¿En qué se parece el telón de un teatro
a una camisa?**
En que se levanta antes de empezar la función.

***

**¿En qué se parecen las plantas de frijoles
a los enamorados?**
*En que comienzan echando flores y terminan
echando vaina.*

***

¿En qué se parece un cohete a un panadero?
*En que el cohete hace ¡pum!
y el panadero hace pan.*

***

**¿En qué se parecen los perros
a los zapatos?**
En que los amarran de día y los sueltan de noche.

***

**¿En qué se parece la mujer
a una locomotora?**
*En que la locomotora agarra a un niño y lo hace
polvo,
y la mujer agarra un polvo y lo hace niño.*

Parecidos y Diferencias

Los Hombres y las Mujeres

¿Cuáles son sus diferencias?

El hombre	La mujer
Ama sin calcular.	Calcula para amar.
Escribe un poema de amor	Lo comenta pero no lo comprende.
Cuando es miope, usa lentes.	Cuando es miope, entorna los ojos.
Enseña los dientes cuando ríe.	Ríe para enseñar los dientes.
Cada año, cumple un año más.	Cada año, tiene dos. años menos.
Discute por instinto de conservación.	Discute por instinto de conversación.
Cree que desciende del mono.	Piensa que desciende de Carlomagno.
Es una bestia fuerte y torpe.	Es un microbio débil y hábil.

EL HOMBRE	LA MUJER
Cuando anda en malos pasos, es porque va mal calzado.	Cuando anda en peores pasos, es cuando va mejor calzada.
Se acerca a la mujer pidiendo fe.	Se acerca al hombre pidiendo una joya.
Entra en los sitios públicos pensando: "¿Estará aquí fulanito?"	Entra en los sitios públicos diciendo: "Aquí estoy yo".
Cuando va al teatro es un espectador para ver la comedia.	Cuando va al teatro quiere que los espectadores la vean a ella.
Discute.	Grita.
En el amor va de más a menos.	En el amor va de menos a más.
Contrae deudas por culpa de sus deudos.	Hace deudos por culpa de sus deudas.
Su vanidad es abstracta.	Su vanidad es concreta.
Lucha.	Conquista.
Busca en la mujer inspiración para realizar inventos.	Utiliza los inventos del hombre para gozar.
No tiene vergüenza.	Tampoco la tiene.

Parecidos y Diferencias

En que son frágiles, presumen de transparentes, irradian calor, aumentan su luz cuando van a "fundirse", son imprescindibles en los salones, están vacías por dentro y todas pueden citar el nombre de algún ciudadano que "le ha hecho la rosca".

¿En qué se parecen las mujeres a los automóviles?

• Cuando son viejos y elegantes, dan importancia social.
• Envejecen rápidamente por el uso.
• Para ir bien, necesitan andar recién pintadas.
• Resulta peligroso dejarlas en poder de los amigos.
• Hay que gastar un dineral para calzarlas.
• No pueden prescindir de llevar encima alguna "esencia".
• Tienen ojos y no ven.
• Nadie puede escudriñar con éxito en su interior.
• Es fácil que a su popietario, lo dejen tirado mitad del camino.
• A la larga, siempre se termina por tener algún choque con ellas.

No es lo mismo...

Un león en la cama, que un camaleón..

Un convento de monjas, que monjas con "vento".

Una choza chica en Capri, que una chica caprichosa.

Si Rita tiene tupé, que si tiene tu perrita.

Las acciones de la vaca, que las vacaciones.

Creas el pan, que el páncreas.

El Ford de Roque, que el Roquefort.

La marquesa Dina, que la dinamarquesa.

Zapatos Luz Tres, que te lustres los zapatos.

Un tomate pequeño, que un pequeño toma té.

Si está sola con Emilio, que si está con Emilio Zola.

Un balde de whisky, que un whisky de balde.

Dedicarse a almacenar, que dedicarse a cenar con Alma.

Del ring vino, que vino del Rhin.

La edad de Susy, que la suciedad.

El paso del zar, que el zarpaso.

Un asno que dura, que un durazno.

La gimnasia que la magnesia.

El mondongo de Tapachula, que tápate chula el mondongo.

El río Mississipi, que me hice pipí en el río.

Santo Tomás de Aquino, que aquí no toma el santo.

Tiempo de matar, que matar el tiempo.

Si Tita tiene plan, que si tiene plantita.

Juan Domínguez que no me chingues.

COLMOS DE TODA CLASE

El colmo de un futbolista es:
Vivir de la patada.

El colmo de un coche es:
Tener defensa y no tener portero.

El colmo de un beisbolista es:
Ir a una fiesta y que le den ponche.

El colmo de un jugador de ajedrez es:
Que le den en la torre.

El colmo de un electricista es:
Ir al cine y que le pasen puros cortos.

El colmo de un escritor es:
Comer sopa de letras.

El colmo de un plomero es:
Tener un hijo soldado.

El colmo de un bombero es:
Tener un fuego en la boca y no poder apagarlo.

El colmo de un jardinero es:
Que lo dejen plantado.

El colmo de un licenciado es:
Perder el juicio.

El colmo de un marinero es:
Que lo agarren de barco sus hijos.

El colmo de un sastre es:
Que lo pongan a cocer los frijoles.

El colmo de un vaquero es:
Andarse con rodeos.

El colmo de un doctor es:
Que su esposa se llame Dolores y no poder curarla.

El colmo de un mago es:
Que su esposa le desaparezca el aguinaldo.

El colmo de un bombero es:
Que a su esposa se le quemen los frijoles.

El colmo de un electricista es:
Seguirle la corriente a su esposa.

El colmo de un plomero es:
Que lo manden por un tubo.

El colmo de un agricultor es:
Sembrar maíz y cosechar puro chile.

El colmo de un panadero es:
*Casarse con una campechana, que se llame Concha
y que le ponga los cuernos.*

El colmo de un carbonero es:
Ser negro y tiznarse.

El colmo de un chino es:
Que le dé hepatitis y se ponga más amarillo.

El colmo de un borracho es:
No salir nunca de casa en días de lluvia.

El colmo de uno muy chaparrito es:
Que le cuelguen los pies al sentarse en la banqueta.

El colmo de un forzudo es:
Doblar la esquina de la calle.

El colmo de un miope es:
Llamarse Casimiro.

El colmo de la irreverencia es:
Tener un curita pegado en las nalgas.

El colmo de la distracción es:
*Pagarle a la esposa, al levantarse,
después de la noche de bodas.*

El colmo de la sorpresa es:
*Ver que la esposa coge el dinero
y se lo mete en la media.*

El colmo de la tontería es:
Ser pobre y además honrado.

El colmo de una niña presumida es:
Orinarse en las medias para llevarlas caladas.

El colmo del miedo es:
Huir de la cocina porque se pegan las papas.

El colmo de un borrego es:
Tener mucha lana y no poder gastársela.

El colmo de un caballo es:
Tener silla y no poder sentarse.

El colmo de un camello es:
Que lo estén jorobando.

El colmo de un hipopótamo es:
Hacerse de la boca chiquita.

El colmo de un elefante es:
Tener la nariz más grande y no usar pañuelo.

El colmo de los panditas es:
Que en las fotos de colores salen en blanco y negro.

El colmo de los colmos es:
Que un mudo le diga a un sordo
lo que ve un ciego.

Preguntas con respuesta pagada

¿Qué le dijo la luna al sol?
Tan grandote y no te dejan salir de noche.

¿Qué le dijo la ventana al sol?
Pasa güero.

¿Qué le dijo el cuadro a la pared?
Perdona que te dé la espalda

¿Qué le dijo un alambre de luz al otro?
Somos los intocables.

¿Qué le dijo una licuadora a la otra?
Somos bien molonas.

¿Qué le dijo el comal a la olla?
Mira que tiznada estás.

**¿Qué le dijo el borracho a su mujer cuando,
después de una parranda de varios días,
le preguntó por la raya?**
Ni que plancharas tan bien.

¿Qué le dijo el papel a la torta?
A la salida nos vemos.

¿Qué le dijo la taza al café?
¡Negro, qué caliente vienes!

¿Qué le dijo un ojo al otro ojo?
Algo que huele se interpone entre nosotros.

¿Qué le dijo una nalga a la otra?
Entre tú y yo se interpone un gran abismo.

¿Qué le dijo un avión a una estufa?
Los dos tenemos piloto.

¿Cuál es el dulce más viejito?
El chochito.

¿Cuál es el consuelo de un calvo?
Que nunca le pueden tomar el pelo.

¿Cuál es el gas más pesado?
El gasto diario.

¿Cuál es el arco más grande del mundo?
El arcoiris.

¿Cuál es el oficio menos lucrativo?
El de jar-dinero.

¿Cuál es el animal que no ve?
La venada.

¿Cuál es el mes en que hablan menos las mujeres?
Febrero
(porque tiene menos días que los demás)

¿Cuáles son los países más alcohólicos?
Los que quieren una Cuba libre.

¿Cuántas sillas caben en una ballena?
Ninguna.
(porque va llena)

¿Cuántas personas caben en un huevo?
Dos: Clara y Ema.

¿Qué hay detrás de la luna?
El ropero.

¿Qué hay detras de una estrella?
Un sheriff.

¿Qué es un agujero?
Una persona que vende agujas.

¿Qué es una caldera?
Una persona que vende caldos?

¿Qué es lo único que detiene la caída del cabello?
El suelo.

¿Qué es lo primero que saca el hombre cuando va al urinario?
La cara de atrás.

¿Qué es peor que encontrar un gusano en una manzana?
Encontrar medio gusano.

¿Por qué los perros corretean a los coches?
Porque llevan un gato adentro.

¿Por qué los elefantes tienen la piel arrugada?
Porque se duermen con ella.

¿Por qué las mujeres tienen las piernas más gruesas que los hombres?
Porque llevan en cada una, una pierna y media.

CARACTERÍSTICAS DE LOS SANTOS

¿Cuál es el santo más chiquito?
San Tito.

¿Cuál es el santo más tonto?
San Bartolo.

¿Cuál es el santo más fuerte?
Sansón.

¿Cuál es el santo más compasivo?
San Clemente.

¿Cuál es el santo más hueco?
San Canuto.

¿Cuál es el santo más cuadrado?
San Marcos.

¿Cuál es el santo más querido?
San Amado.

¿Cuál es el santo más melenudo?
San León.

¿Cuál es el santo más festivo?
Santo Domingo.

¿Cuál es el santo más alegre?
San Pascual Bailón.

¿Cuál es el santo más oloroso?
San Expedito.

¿Cuál es el santo más zambo?
San Vito.

¿Cuál es el santo de nombre más corto?
San Casi-o.

¿Cuál es el santo de nombre todavía más corto?
San Nicasi-o.

¿Cuál es el santo más pobre de asentaderas?
San Casiano.

¿Cuál es el santo más buey?
San Casto.

¿Cuál es el santo más inculto?
San Silvestre.

¿Cuál es el santo más chaparrito?
San De-metrio.

¿Cuál es el santo más acomodado?
San Próspero.

¿Cuál es el santo más lucidor?
San Luciano.

¿Cuál es el santo más instruido?
San Aqui-leo.

¿Cuál es el santo más tratable?
San Amable.

¿Cuál es el santo más equitativo?
San Justo.

¿Cuál es el santo de los relojeros?
San Segundo.

¿Cuál es el santo de los pedicuristas?
San Cayetano.

¿Cuál es el santo de los atormentados?
San Suplicio.

¿Cuál es el santo de los choferes?
San Prudencio.

¿Cuál es el santo más bebedor?
San Albino.

¿Cuál es el santo más valiente?
San Valentín.

¿Cuáles son los santos de los meones?
San To-lo-meo y San Si-meón.

¿Cuál es el santo de los temblores?
San Goloteo.

¿Cuál es el santo de los incrédulos?
Santo Tomás.

¿Cuál es el santo más ingénuo?
San Inocencio.

¿Cuál es el santo de los cornudos?
San Cornelio.

¿Cuál es el santo que aquí no está?
Santo Tomás de Aquino.

¿Cuál es la santa más abstemia?
Santa Genoveva.

¿Cuál es la santa menos cantadora?
Santa Nicanora.

¿Cuál es la santa más limpia?
Santa Fab-i-ola.

¿Cuál es la santa más perfumada?
Santa Rosa.

¿Cuál es la santa más madrugadora?
Santa Aurora.

¿Cuál es la santa más musical?
Santa Tecla.

ÍNDICE

ESTA OBRA SE TERMINO DE IMPRIMIR
EN ABRIL DE 2005 EN LOS TALLERES
DE B Y B IMPRESORES, S.A. DE C.V.
UBICADO EN RAMÓN CORONA No. 43,
COL. SAN MIGUEL DELEGACIÓN IZTACALCO,
C.P.08650, MÉXICO, D.F. TEL. 3095 8500
EL TIRAJE FUE DE 1000 EJEMPLARES